Praxis Berufseinstieg

Friedel Schardt

Erfolgreich bewerben!

- Stellenangebote richtig lesen
- Personalchefs und ihre Entscheidungen
- Bewerbungsmappe
- Vorstellungsgespräch – woruf es wirklich ankommt!

Fix und fertige Stundenbilder zur schnellen Vorbereitung

Lernen mit Erfolg
KOHL VERLAG
www.kohlverlag.de

Erfolgreich bewerben!

Fix & fertige Stundenbilder zur schnellen Vorbereitung

10. Auflage 2017

Inhalt: Friedel Schardt
Coverbild: © fotolia.com
Grafik & Satz: Kohl-Verlag
Druck: farbo prepress GmbH, Köln

Bestell-Nr. 10 897

ISBN: 978-3-86632-897-6

Inhalt

Seite

ERFOLGREICH BEWERBEN!
Fix & ffertige Stundenbilder zur schnellen vorbereitung – Bestell-Nr. 10 897
KOHL VERLAG

Vorwort

Jetzt wird's ernst — Einen Job finden!

Sehr geehrte Kolleginnen und Kollegen,

Bewerbungsschreiben - Lebenslauf - Bewerbungsgespräch

Viele Schüler* verlassen nach dem 9./10. Schuljahr die Schule, um sich einer praktischen Tätigkeit zuzuwenden. Am Beginn einer solchen Tätigkeit aber stehen in aller Regel die Bewerbung und das Vorstellungsgespräch. Beides können die Schüler mit diesem Heft auf vielfältige Art und Weise üben und damit vertraut gemacht werden.

Es versteht sich von selbst, dass auch und gerade einige „Begleiterscheinungen" mitreflektiert werden. So soll z.B. das sachgerechte Lesen von Stellenanzeigen geübt werden. Aber auch der Frage nach der Form und dem Umfang der Bewerbungsunterlagen wird nachgegangen werden.

Das sind die Ziele der vorliegenden Stundenbilder:

- Die Schüler lernen, Stellenanzeigen sachgerecht zu lesen und auszuwerten.
- Sie lernen, sich angemessen und in schriftlicher Form um eine Stelle zu bewerben.
- Sie verfassen einen tabellarischen und einen ausformulierten Lebenslauf.
- Sie üben und gewinnen Sicherheit für ein Vorstellungsgespräch

Viel Erfolg beim Durcharbeiten der vorliegenden Kopiervorlagen – aber vor allem bei der Suche nach einem Ausbildungsplatz wünschen Ihren Schülerinnen und Schülern der Kohl-Verlag und

Friedel Schardt

**Wenn auf den folgenden Kopiervorlagen von Schülern oder Lehrern die Rede ist, dann sind selbstverständlich auch die Schülerinnen und Lehrerinnen gemeint.*

1 Stellenangebote richtig lesen

Informationen für den Lehrer

Wenn sich auch die „Lehrstellensituation“ gegenwärtig etwas entspannt hat, so gibt es doch immer noch, zumal in attraktiven Lehrberufen, Engpässe, die allerdings gerade von Politikern immer bestritten werden. Die konkrete Analyse der Angebote lässt dann ein realistisches Bild der augenblicklichen Situation entstehen. Auf die Möglichkeiten, die die Arbeitsämter anbieten, sei besonders hingewiesen. Unter Umständen wird man sich in Zusammenarbeit mit dem Sozialkundelehrer bzw. dem Schullaufbahnberater mit dem Arbeitsamt in Verbindung setzen und ein entsprechendes Gespräch vereinbaren bzw. sogar eine Berufsberatung im Umfeld der vorliegenden Sequenz ins Auge fassen. Es sei besonders darauf hingewiesen, dass gerade neuere Zahlen und Trendanalysen bei der zuständigen Stelle des Arbeitsamtes zu erhalten sind.

Für die **Kopiervorlage „Stellenanzeige: Top oder Flop“** (Seite 7) werden Stellenanzeigen aus Tageszeitungen benötigt. Je nach Zuverlässigkeit ihrer Schüler sollten sie Zeitungen parat haben und am Stundenbeginn Stellenanzeigen lesen lassen.

Die gesammelten Stellenanzeigen sollten zusammengestellt und zunächst nach drei Kategorien geordnet werden; besonders die Kategorie „unklare Angebote“ sollte uns etwas länger beschäftigen. Eine genauere Untersuchung vermag deutlich zu machen, dass ...

- kaum Angaben über die tatsächliche Arbeit zu finden sind;
- überhöhte Versprechungen gemacht werden;
- nur in den seltensten Fällen eine Firma bzw. eine konkrete Anschrift genannt wird.

Die **Kopiervorlagen auf den Seiten 8 und 9** sollen bewusst machen, ...

- dass seriöse Angebote auch bestimmte Erwartungen an künftige Mitarbeiter haben.
- Dabei soll aus dem Material eine Zusammenstellung der jeweiligen Erwartungen und Voraussetzungen hinsichtlich der Ausbildung, der Qualifikation usw. des Bewerbers erstellt werden.
- Gleichzeitig wird deutlich, dass nicht alle Erwartungen genannt werden. Sie können vielmehr aus der Gesamtsituation erschlossen werden. So wird z.B. nur in den seltensten Fällen ausdrücklich gesagt, dass man eine durch Prüfung abgeschlossene Ausbildung erwartet. Das wird als selbstverständlich vorausgesetzt.
- Seriöse Anzeigen geben in aller Regel auch über grundlegende Arbeitsbedingungen, Bezahlung usw. sowie über künftige Aufgaben und mögliche Aufstiegschancen Auskunft.

An dem vorgeschlagenen Informationsbrett werden die Materialien gesammelt, die für die weitere Arbeit unabdingbar sind. Natürlich wird auch der Unterrichtende sich am Sammeln beteiligen, aber nicht die ganze Arbeit allein erledigen. Aus den Ergebnissen der Gruppenarbeit lassen sich wichtige Gesichtspunkte gewinnen, die bei einer Bewerbung zu berücksichtigen sind.

KOHL VERLAG ERFOLGREICH BEWERBEN! Fix & ffertige Stundenbilder zur schnellen vorbereitung – Bestell-Nr. 10 897

1 Stellenangebote richtig lesen

Informationen für den Lehrer

Folgende grundsätzlichen Überlegungen lassen sich integrieren:

Im Gespräch über die **Kopiervorlage auf Seite 10** wird zu erörtern sein:

- Etwas, das schriftlich vorliegt, ...
  - kann genauer bedacht werden.
  - Es ist exakter überprüfbar.
  - Es lässt sich speichern und für mehrere Beteiligte zugänglich machen.

- Es werden vermutlich zur Sprache kommen:
  - Zeugnisse
  - Aussagen über den Werdegang des Bewerbers
  - Aussagen über Beziehungen des Bewerbers zum (künftigen) Tätigkeitsfeld

Der Unterrichtende soll hier noch nicht weiter in das Gespräch eingreifen.
Der folgende Unterrichtsschritt soll deutlicher dazu motivieren, sich intensiver mit der „äußeren Form“ des Bewerbungsschreibens zu beschäftigen. **Die Kopiervorlagen „Basismaterial (Umfrage unter Personalchefs)“** (Seiten 11-13) sind zwar schon etwas älter, an der Einstellung der Zuständigen dürfte sich kaum etwas geändert haben, wenn man sich die Praktiken/Einstellungsverfahren der Gegenwart ansieht.

Diese Aufgabe beschäftigt sich mit den Faktoren, die die Entscheidungen von Personalchefs nach deren Aussage besonders beeinflussen. Es geht darum, eine Rangfolge festzustellen auf einer Skala von 1 (legt keinen Wert darauf) bis 7 (legt größten Wert darauf). Eine solche Rangfolge macht deutlich, dass die Personalchefs – jedenfalls nach ihren eigenen Angaben – sich nach anderen Dingen richten, als es die Schüler gemeinhin erwarten. Die Rangfolge:

1. Äußerer Eindruck
2. Form der schriftlichen Bewerbung
3. Zeugnisse der Schule
4. Examensnote
5. Arbeitsprobe
6. Referenzen
7. Art der Schule
8. Testergebnisse

Besonders deutlich wird hier, dass Testergebnisse keineswegs an der Spitze der Einflussfaktoren rangieren.
Die Aufgabe hebt nun im Zusammenhang mit den Umfrageergebnissen einige Gesichtspunkte besonders hervor, die auf Fehler im Zusammenhang mit Bewerbungen aufmerksam machen. Hier fällt das sehr große Gewicht ins Auge, das formalen Fehlern beigemessen wird.

Das erste Kapitel dauert 4 Unterrichtsstunden

Seite 7	1. Unterrichtsstunde
Seiten 8 - 9	2. Unterrichtsstunde
Seite 10	3. Unterrichtsstunde
Seite 11 - 13	4. Unterrichtsstunde

Diese Einteilung gilt nur als Richtwert, da die tatsächliche Unterrichtszeit von der Individualität Ihrer Schüler und deren eigenem Lerntempo abhängt. Die einzelnen Kopiervorlagen müssen nicht immer vollständig erarbeitet werden, um einen Lernerfolg zu erzielen.

1 Stellenangebote richtig lesen

Stellenanzeige: Top oder Flop?

GA

Aufgabe 1: **a)** *Ihr habt Stellenanzeigen aus verschiedenen Tageszeitungen vorliegen. Seht euch die Anzeigen an und stellt fest:*

- *Was wird konkret angeboten?*
- *Was wird vom Bewerber erwartet?*
- *Was wird über die anstehende Arbeit gesagt?*

b) *Unterscheidet die Anzeigen nach folgenden Gesichtspunkten!*

Ausbildungsplatzangebote	Angebote für qualifizierte Kräfte	„unklare“ Angebote
z.B. **Auszubildende** für Zahnarztpraxis in Speyer gesucht (Bewerbungen mit Lichtbild)	z.B. **Heizungsbauer** mit Ölbrennerfahrung für den Raum Frankenthal gesucht	z.B. Top-Job für Top-Leute. Bioprodukte für die Landwirtschaft, super Verkaufschancen und sehr guter Verdienst

EA

Aufgabe 2: *Welches Stellenangebot sagt dir zu? Begründe deine Entscheidung!*

1 Stellenangebote richtig lesen

Stellenanzeigen analysieren:

EA

Aufgabe 1: **a)** *Lies folgende Stellenanzeigen!*

DSM® Computer

Die DSM Computer AG ist seit über 27 Jahren auf technisch anspruchsvolle Märkte im industriellen Umfeld spezialisiert. Für unsere namhaften Kunden entwickeln und fertigen wir Industriesysteme in höchster Qualität. Sie finden uns in den Bereichen der Automation, Robotik, Messtechnik Telekommunikation und POI/POS wieder - und das rund um den Globus.

Auszubildende (m/w) zum IT-Systemelektroniker mit Ausrichtung Support / Technik

Anforderungen:
Mittlere Reife, gute PC Kenntnisse, technisches Interesse, Teamfähigkeit, Kommunikationsstärke

Wir bieten:
Eine attraktive und vielseitige Ausbildung mit ausgezeichneten Entwicklungsperspektiven für einen erfolgreichen Berufsweg.

Bitte schicken Sie Ihre aussagekräftige Bewerbung an:

Riegelsberghalle
Restaurant • Bistro • Events

Unser Restaurant verfügt über ca. 120 Plätze, 60 Terrassenplätze und eine Mehrzweckhalle für Events bis 1000 Personen. Des Weiteren bedient unsere Cateringabteilung größere regionale Veranstaltungen.
Wir beschäftigen 10 feste Mitarbeiter davon sind 3 Auszubildende. Unser Restaurantleiter gehört in der saarländischen Gastronomie zu den Besten und garantiert somit eine Ausbildung auf höchstem Niveau.

Auszubildende/r Restaurantfachfrau/mann

Aufgaben:
Natürlich werden alle für diesen Beruf notwendigen Ausbildungsinhalte in unserem Restaurant vermittelt. Des Weiteren sehen wir in dieser Ausbildung das Ziel, die Grundlagen für eine zukünftige Führungspersönlichkeit zu manifestieren. Salopp ausgedrückt: Servierspritzen gibt es wie Sand am Meer - wir wollen mehr.

Anforderungen:
Sauberes und nettes Erscheinungsbild. Interesse am Beruf und der Gastronomie. Mindestestens Hauptschulabschlus besser höheren Abschluß. Wissenshunger (weil man lernt in der Gastronomie nie aus), Teamfähigkeit und Kommunikationsstärke sollten zu Ihren Stärken gehören. Gerne nehmen wir auch Auszubildende, die Ihre Stelle wechseln möchten.

Wir bieten:
Einen sicheren Ausbildungsplatz mit viel Engagement von Seiten der Zukünftigen Chefs. Innovative Gastronomie in einem netten und persönlichen Umfeld. Tatkräftige Unterstützung bei Wettbewerben und Weiterbildungsmaßnahmen.

Wir freuen uns auf Ihre Bewerbung an:

Restaurant
Herrn
Alleestraße 1

Telefon:
E-Mail:
Homepage:

Auszubildende/r Fachlagerist/in, Fachkraft für Lagerlogistik

ALDI SÜD

Eine Ausbildung bei ALDI SÜD ist anspruchsvoll. Aber jede Minute lohnt sich. Bei den Abschlussprüfungen liegen unsere Azubis regelmäßig vorn. Und die Jahre davor sind auch spitze: viel Abwechslung, viel Verantwortung, viel Freiraum für Ideen.

Für unsere Logistikzentren im gesamten ALDI SÜD Gebiet suchen wir freundliche, engagierte Azubis.

Was Sie tun
- Ausbildung zum/zur Fachlagerist/in in zwei Jahren
- nach einem weiteren Jahr Prüfung zur Fachkraft für Lagerlogistik (bei Eignung)
- intensive Praxisausbildung in unserem Logistikzentrum
- wöchentliche Theorieblocks in der Berufsschule
- individuelle Weiterbildung in internen Schulungen

Was Sie mitbringen
- überzeugendes Hauptschulzeugnis
- gute Allgemeinbildung
- Ordnungssinn, Spaß an der Organisation
- Einsatzbereitschaft, Ausdauer und Disziplin
- Teamgeist und Aufgeschlossenheit

Was wir Ihnen bieten
- Ausbildung auf höchstem Niveau
- abwechslungsreiche Tätigkeit
- überdurchschnittliches Ausbildungsgehalt in Höhe von monatlich
  760 € im ersten Jahr
  850 € im zweiten Jahr
  1.000 € im dritten Jahr
- gute Karriereperspektiven

Wann es los geht
Ausbildungsbeginn September 2008

Wie Sie sich bewerben
Online unter www.aldi-sued.de/ausbildung

ALDI SÜD

b) *Wähle eine Anzeige aus und bearbeite sie!*

- Was wird vom Bewerber erwartet?

____

____

- Mit welchen Voraussetzungen wird gerechnet?

____

____

- Was wird dem Leser gesagt, was muss er erschließen, was vermuten?

Aussagen: ____

____

____

Vermutungen: ____

____

____

1 Stellenangebote richtig lesen

- Wie stellt sich der Inserent selbst dar?

____

____

- Was wird über die künftige Arbeit gesagt?

____

____

____

- Was wird über die Arbeitsbedingungen und künftigen Aufgaben gesagt?

____

____

____

- Welche Art von Bewerbung wird erwartet?

____

____

EA

Aufgabe 2: *Wäre das ein Angebot für dich? Begründe deine Antwort!*

Mir gefällt, dass ... ______________________________

____

____

____

Mir gefällt nicht, dass ... __________________________

____

____

____

1 Stellenangebote richtig lesen

Bewerben, aber wie?

GA

Aufgabe 1: *In vielen Anzeigen wird eine schriftliche Bewerbung verlangt. Überlegt: Warum verlangen Arbeitgeber eine schriftliche Bewerbung?*

PA

Aufgabe 2: *Stellt zusammen, was eurer Meinung nach alles zu einer schriftlichen Bewerbung gehört!*

EA

Aufgabe 3: *Musstest du dich bereits bewerben? Für ein Praktikum oder einen Ferienjob? Berichte!*

KOHL VERLAG
ERFOLGREICH BEWERBEN!
Fix & ffertige Stundenbilder zur schnellen vorbereitung – Bestell-Nr. 10 897

1 Stellenangebote richtig lesen

Worauf achtet ein Personalchef?

Informationen in meiner Bewerbung, auf die Wert gelegt wird

Zeugnisse in der Schule	5,1	Grapholog sche Gutachten	1,9
Art der Schule	4,1	Mitgliedschaft in Vereinen	1,7
Examensnoten	4,9	Mitgliedschaft in Parteien	1,6
Ort des Examens	2,9	Familienstand	2,2
Form der schriftlichen Bewerbung	5,3	Soziale Herkunft	2,3
Äußerer Eindruck	5,9	Politische Einstellung	2,2
Referenzen	4,2		
Arbeitsproben	4,7		
Testergebnisse	3,5		

Mittelwert auf 7-stufiger Skala
1 = lege darauf keinen Wert
7 = lege darauf großen Wert

aus: Wirtschaftswoche spezial (1978,5,38)

EA

Aufgabe 1: *Übertrage die oben genannten Punkte auf die Skala unten!*
Achte auf die Stufen der Skala!

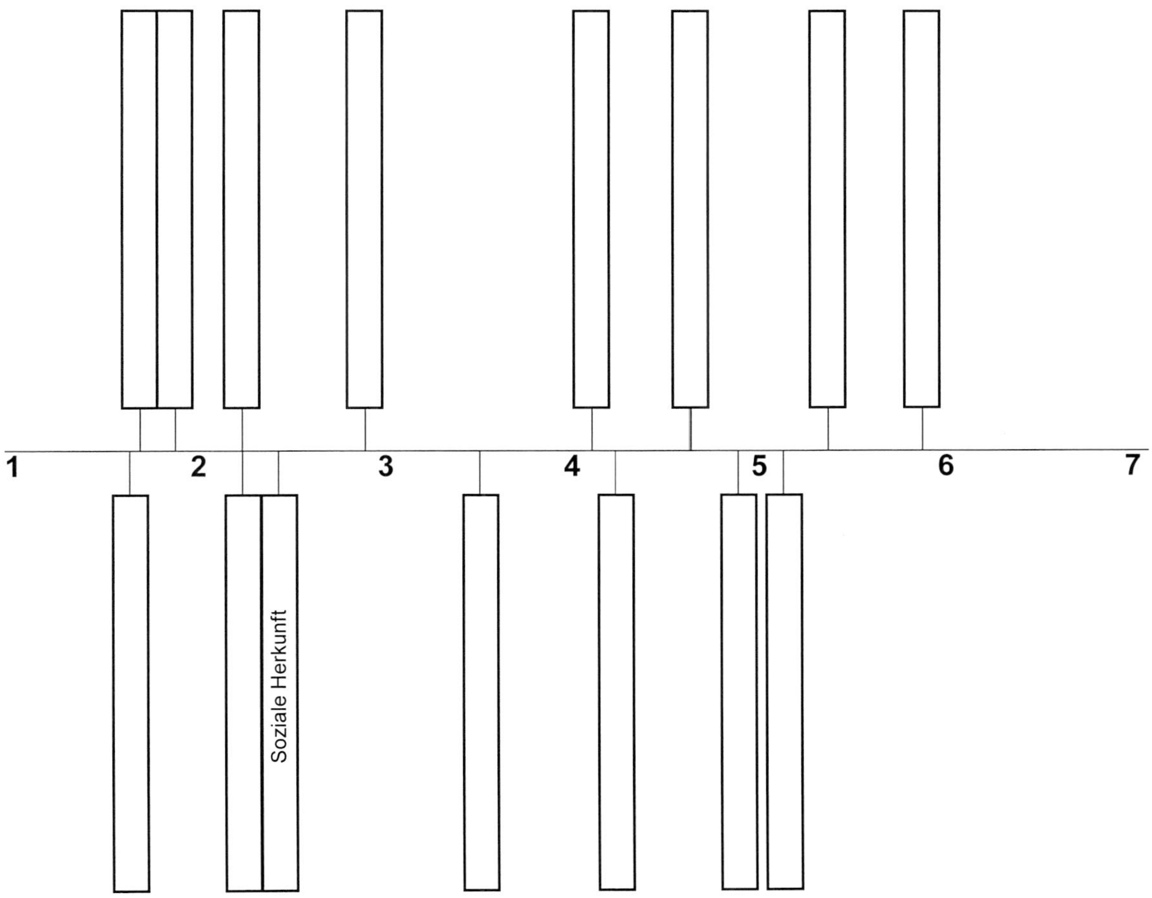

ERFOLGREICH BEWERBEN!
Fix & ffertige Stundenbilder zur schnellen vorbereitung – Bestell-Nr. 10 897
KOHL VERLAG

1 Stellenangebote richtig lesen

PA

Aufgabe 2: **a)** *Besprich das Ergebnis mit deinem Partner: Welchen Punkten wird viel Bedeutung beigemessen?*

____

____

____

____

b) *Was wird weniger wichtig genommen?*

____

____

____

____

PA

Aufgabe 3: **a)** *Hättet ihr die Meinung von einstellenden Personalchefs auch so eingeschätzt? Begründet eure Meinung!*

____

____

____

____

b) *Warum handeln und entscheiden Personalchefs nach diesem Muster? Sucht nach Erklärungen!*

____

____

____

____

____

____

KOHL VERLAG
ERFOLGREICH BEWERBEN!
Fix & fertige Stundenbilder zur schnellen vorbereitung – Bestell-Nr. 10 897

1 Stellenangebote richtig lesen

Personalchefs lehnen ab, wenn:

Die Personalchefs gaben auch Auskunft über die Gründe, warum Bewerber nicht zu Vorstellungsterminen eingeladen wurden.

Häufigste Fehler bei Bewerbungen in Prozent:

Unzureichende Selbstdarstellung	*8 %*
Formale Fehler	*21 %*
Ungünstiger persönlicher Eindruck	*8 %*
Unvollständige Bewerbungsunterlagen	*11 %*
Keine klare Vorstellung vom Beruf	*7 %*
Zu hohe Gehaltsforderungen	*9 %*
Gleichgültigkeit/Oberflächlichkeit	*6 %*
Keine klaren Vorstellungen von der Position/Stelle	*9 %*
Ungünstiger äußerer Eindruck	*6 %*
Mangelndes Ausdrucksvermögen	*8 %*
Orthographische Fehler	*5 %*
Fehlen von Prägnanz/Kürze	*8 %*
Versuch, etwas zu verschleiern	*5 %*
Überheblichkeit	*8 %*
Einzelnennungen	*26 %*

GA

Aufgabe 4: *Sprecht in der Gruppe darüber, was die Fehler zu bedeuten haben!*

PA

Aufgabe 5: **a)** *Lest alle Gründe, die Personalchefs angeben, aufmerksam durch!*

b) *Ordnet die Angaben in absteigender Reihenfolge nach ihrer Wertigkeit!*

EA

Aufgabe 6: *Notiere in Stichworten die Konsequenzen für deine Bewerbung!*

ERFOLGREICH BEWERBEN!
Fix & ffertige Stundenbilder zur schnellen vorbereitung – Bestell-Nr. 10 897
KOHL VERLAG

2 Das Bewerbungsschreiben

Informationen für den Lehrer

Das Bewerbungsschreiben und seine Form:

Es empfiehlt sich, die jetzt anstehenden Aufgaben in den Computerraum zu verlegen und gegebenenfalls wichtige Fragen der Textverarbeitung (Texteingabe, Formatierung) zu besprechen. Will man auf eine handgeschriebene Bewerbung Wert legen, so sollte darauf geachtet werden, dass geeignetes Papier verfügbar ist. (DIN A4, sauber, unliniert, Linienpapier, ...)

Informationen, die für den künftigen Arbeitgeber von Interesse sein könnten:

- Bisherige Ausbildung
- Erreichter/demnächst erreichter Abschluss
- Erworbene besondere Qualifikationen
- Besondere Interessen und Neigungen
- Beziehungen zur künftigen Tätigkeit
- Unter Umständen soziale Herkunft; Beruf des Vaters/der Mutter
- Frühestmöglicher Beginn des Arbeits-/Ausbildungsverhältnisses

Aus dem Schreiben haben sich wohl zum einen „Formulierungsprobleme“ ergeben, zum andern waren sich wohl viele nicht darüber im Klaren, wie sie die äußere Form des Schreibens anlegen sollten.

Der Textanfang für Seite 15 wurde schon angegeben. (Selbstverständlich sind auch andere Anfänge möglich!) Wichtig beim Ausformulieren ist: Der Text sollte individuell zugeschnitten sein. Standardformulierungen sollten vermieden werden. Der Text sollte nicht Elemente des Lebenslaufs wiederholen/enthalten, kann aber sehr wohl besonders Wichtiges (erdfolgreiche Teilnahme an einschlägigen Wettbewerben, AG‘s usw.) hervorheben.

Nach der Texterfassung im Computer sollte anhand des ersten Ausdrucks eine sinnvolle Formatierung besprochen werden. Meist haben die Texte einen zu schmalen Rand. Dann ist zunächst zu klären, wozu Texte der hier zu verhandelnden Art einen Rand brauchen. (Weniger, weil es immer besser ist, den Rand zu halten, als vielmehr, um ordentlichen Menschen Gelegenheit zu geben, entsprechende Löcher anzubringen und den Text - er ist nun zum Schriftstück geworden – abzuheften). Am Computer lernen die Schüler einen wichtigen Programmteil kennen, das Formatieren. Er „formt“ den Text so, dass er bestimmten Vorgaben entspricht. Diese Vorgaben betreffen die Breite des rechten und linken Randes sowie die Art und Weise der Satzanordnung Soll rechts- oder linksbündig, zentriert, im Flattersatz oder im Blocksatz angeordnet werden? Hinweis: Es sollten ruhig einmal verschiedene Satzspiegel und Satzspiegelbreiten ausprobiert werden. Die Schüler sollten auch ausprobieren, welche Unterschiede zwischen den einzelnen Satzarten bestehen.

Nach einigem Probieren wird sich als brauchbare Möglichkeit ergeben: 15 Zeichen linker Rand; 10 Zeichen rechter Rand; linksbündig Flattersatz. Es ist zu empfehlen, für jeden Schüler einen Ausdruck anzufertigen, den man dann im Bedarfsfall als Muster heranziehen kann. Noch einige Hinweise auf „Äußerlichkeiten“:

- Auf gutem, weißem DIN A4 Papier ohne Eselsohren und Kaffeeflecken schreiben.
- Einseitig beschreiben.
- Das Anschreiben sollte nicht länger als eine Seite sein.
- Schriftgröße 12, Zeilenabstand 1,5, klassischer Schrifttyp *(z.B. Times oder Arial)*.
- Die Unterschrift: Vor- und Zuname ausschreiben (blaue oder schwarze Tinte).

Das zweite Kapitel dauert 2-4 Unterrichtsstunden.

KOHL VERLAG ERFOLGREICH BEWERBEN! Fix & ffertige Stundenbilder zur schnellen vorbereitung – Bestell-Nr. 10 897

2 Das Bewerbungsschreiben

Ein Beispiel:

PA

Aufgabe 1: **a)** *Lest die Bewerbung gemeinsam aufmerksam durch!*

Claudia Mustermann
Ulmenweg 17 a
12345 Musterhausen
Tel.: 0123-123456
Email: claudia.mustermann@t-online.de

DM Drogeriemarkt oHG
Personalabteilung
Frau Kron
Maximilianstraße 17
12345 Musterhausen

Musterhausen, den 14. 08. 2008

Bewerbung um einen Ausbildungsplatz als Drogerieverkäuferin

Unser Telefongespräch vom 13. 08. 2008

Sehr geehrte Frau Kron,

ich beziehe mich auf mein mit Ihnen geführtes Telefongespräch vom 13. 08. 2008 und bewerbe mich hiermit um einen Ausbildungsplatz als Drogerieverkäuferin. Der Wunsch, Drogerieverkäuferin zu werden, reifte in mir während meines Betriebspraktikums, das ich vom ... bis zum ... absolviert habe.

Ich würde mich freuen, wenn Sie mich zu einem Vorstellungsgespräch einladen würden und verbleibe

mit freundlichen Grüßen

Unterschrift

b) *Ihr habt schon herausgefunden, dass die Personalchefs größten Wert auf die Form der Bewerbungsschreiben legen. Wir wollen uns nun um diese „Form“ etwas kümmern.*

- *Was enthält diese Bewerbung an formalen Elementen?*

____

____

____

____

____

____

Claudia Mustermann
Ulmenweg 17 a
12345 Musterhausen
Tel.: 0123-123456
Email: claudia.mustermann@t-online.de

DM Drogeriemarkt oHG
Personalabteilung
Frau Kron
Maximilianstraße 17
12345 Musterhausen

Musterhausen, den 14. 08. 2008

Bewerbung um einen Ausbildungsplatz als Drogerieverkäuferin

Unser Telefongespräch vom 13. 08. 2008

Sehr geehrte Frau Kron,

ich beziehe mich auf mein mit Ihnen geführtes Telefongespräch vom 13. 08. 2008 und bewerbe mich hiermit um einen Ausbildungsplatz als Drogerieverkäuferin. Der Wunsch, Drogerieverkäuferin zu werden, reifte in mir während meines Betriebspraktikums, das ich vom ... absolviert habe.

Ich würde mich freuen, wenn Sie mich zu einem Vorstellungsgespräch einladen würden und verbleibe

mit freundlichen Grüßen

Unterschrift

- *Wie sind die Formalien angeordnet? Markiere sie mit einem Lineal auf/an der Bewerbung!*

2 Das Bewerbungsschreiben

Persönliche Daten sammeln:

Vor- und Nachname
Straße und Hausnummer
Postleitzahl und Wohnort
Telefonnummer
E-Mail-Adresse (keine Ulknamen verwenden!)

Firma mit richtiger Rechtsform
Abteilung
Name der Ansprechpartnerin/des
Ansprechpartners Straße und Hausnummer oder
Postfach
Postleitzahl und Ort

Ort, Datum (rechtsbündig)

Betreffzeile („Betr.:“ nicht ausschreiben): Position, um die du dich bewirbst, Stellenbezeichnung der Firma

Bezugzeile („Bezug:“ nicht ausschreiben): (Wie bis du auf die Stelle aufinerksam geworden?) Fundstelle der Anzeige (Zeitung usw., Erscheinungsdatum, evtl. Kennziffer), geführtes Telefongespräch (Datum)

Anrede (möglichst persönlich, sofern Person bekannt/genannt)

Text

Schlussformel

Unterschrift

Hinweis auf Anlagen

PA

Aufgabe 2: **a)** *Übertragt diese Anordnung (jeder für sich) in eure Textdatei und fügt eure individuellen Daten ein!*

b) *Macht euch Gedanken zum Anschreiben! Was gehört hinein?*

KOHL VERLAG
ERFOLGREICH BEWERBEN!
Fix & fertige Stundenbilder zur schnellen vorbereitung – Bestell-Nr. 10 897

2 Das Bewerbungsschreiben

Der Inhalt des Bewerbungsschreibens:

Einleitungssatz:	• Um welche Stelle bewirbst du dich? • Wie wurdest du auf diese Stelle aufmerksam?
Angaben zur Person:	• Wie alt? • Gegenwärtige Situation? (Schule, wann beendet?) • Wann kann die Stelle angetreten werden?
Besondere Neigungen und Fähigkeiten:	• Welche deiner Neigungen stehen im Zusammenhang mit dem künftigen Beruf? • Hast du schon besondere Fähigkeiten erworben (z.B.: EDV, Maschinenschreiben usw.)? • Hast du an AG's teilgenommen, die mit der künftigen Tätigkeit zu tun haben (Modellbau-AG ...)?

PA

Aufgabe 1: a) *Lest den Info-Kasten gemeinsam aufmerksam durch!*

b) *Claudia Mustermann hat sich zuvor (Seite 15) für einen Ausbildungsplatz als Drogerieverkäuferin beworben. Beendet ihr Anschreiben hier gemeinsam!*

____

____

____

____

Hier noch einige Tipps:

Besonders interessant werden:	• Fähigkeiten, die für die Tätigkeit wichtig sind • Erworbene Fähigkeiten, die u.U. benötigt werden • Eigenschaften, die von Bedeutung sein könnten
Beachten sollte man:	• Wichtige schon erzielte Erfolge belegen (Beispiele, Fakten, Erfahrungen (z.B.: Interesse an Heilkräutern, erfolgreiche Teilnahme am Wettbewerb „Jugend forscht") • wichtige allgemeine Fähigkeiten/Eigenschaften nur nennen, wenn sie belegt werden (Beispiel: Teamfähigkeit beweisen: Im Team Schulfest vorbereitet und durchgeführt ...)
Verzichten sollte man:	• Auf penetrantes und wiederholtes Eigenlob • allgemein geforderte Fähigkeiten/Eigenschaften (fleißig, teamfähig, gutes Sozialverhalten) sollte man nicht einfach aufzählen, sondern die konkret geforderten Eigenschaften benennen und durch Tatsachen belegen.

ERFOLGREICH BEWERBEN!
Fix & ffertige Stundenbilder zur schnellen vorbereitung – Bestell-Nr. 10 897
KOHL VERLAG

2 Das Bewerbungsschreiben

Ein Bewerbungsschreiben formulieren:

EA

Aufgabe 2: **a)** *Lies die folgende Stellenanzeige aufmerksam durch!*

> **Mohr-Haustechnik GmbH**
>
> Wir bieten: Einen Ausbildungsplatz als Heizungstechniker/in
>
> Wir suchen: Einen Jungen/ein Mädchen, der/das Interesse an moderner Technik hat und bereit ist, sich in unser Team einzuarbeiten
>
> Wir erwarten: Gute manuelle Fähigkeiten („keine zwei linke Hände"), aber auch ein ordentliches Schulabschlusszeugnis (rechnen sollte der Bewerber/die Bewerberin können!)
>
> Bewerbungen bitte an ...

b) *Verfasse ein Bewerbungsschreiben zu dieser Stellenanzeige!*

Mache hier deine Stichworte zum Anschreiben und schreibe dann die Bewerbung am PC!

3 Lebenslauf & Bewerbungsunterlagen

Informationen für den Lehrer

Die äußere Form der Unterlagen:

Die Gesichtspunkte, die in der vergangenen Stunde besprochen wurden, werden wiederholt und angewendet. Es ist nun darauf zu achten, dass die Schreiben auch vorgezeigt werden. So kann auf die äußere Form gleichfalls geachtet werden. Sollten Schüler handschriftliche Schreiben vorlegen, so wird man zusätzlich darauf achten, ...

- ... dass die Schrift einwandfrei ist,
- ... dass keine sichtbaren Korrekturen (Tintenkiller, Rasuren...) vorgenommen wurden,
- ... dass Linien und Ränder gerade verlaufen (gegebenenfalls auf „Linienpapier“ verweisen!)

Der Lebenslauf enthält die Informationen, die erkennen lassen, welche Stationen der Autor in seinem Leben bisher durchlaufen hat. Dabei sind all die Informationen von besonderem Interesse, die seinen gegenwärtigen Ausbildungsstand erkennen lassen. Die Informationen werden gesammelt und anschließend wird überlegt, wie man sie anordnen/gliedern könnte. Folgende Möglichkeit könnte festgehalten werden (auch beim eigenständigen Verfassen eines Lebenslaufs wird man einige Hinweise zur Form geben):

1. Der Lebenslauf kann als Tabelle angelegt oder als fortlaufender Text formuliert werden.
2. Er sollte übersichtlich aufgebaut sein.
3. Das Foto sollte professionell gefertigt sein.
4. Handgeschriebene Lebensläufe nur auf ausdrückliche Aufforderung einreichen!
5. Über Hobbys und dergleichen sollte nur gesprochen werden, wenn ein Zusammenhang zur angestrebten Stelle besteht.
6. Alle Angaben über berufsbezogene (Praktika usw.) Tätigkeiten sollten durch Zeugnisse belegt werden.
7. Leicht lesbarer Schrifttyp (z.B. Arial), durchgängig nur einen Schrifttyp verwenden.
8. Am Ende werden Ort und Datum angegeben.
9. Handschriftlich unterschreiben.

Bewerbungsunterlagen als Portfolio:

Die Bewerbungsunterlagen bieten eine Bild des Bewerbers. Sie sollten ordentlich gesammelt vorgelegt werden. Am besten ordnet man folgendermaßen:

1. Deckblatt enthält Adresse & Telefonnummer (Überschrift: Bewerbung als ... bei der ... GmbH ...)
2. Bewerbungsschreiben
3. Lebenslauf (mit Lichtbild)
4. Anlagenverzeichnis (das die angefügten Zeugnisse usw. enthält)
5. Zeugnisse (letztes Schulzeugnis, Zeugnisse über weitere Qualifikationen ...)
6. Referenzen (soweit schon vorhanden)
7. Falls gefordert: Gesundheitszeugnis, polizeiliches Führungszeugnis

Hinweise:

- Keine Originale verschicken!
- Nur das letzte Schulzeugnis beifügen!
- Qualitativ einwandfreie Kopien verwenden!
- Fremdsprachliche Zeugnisse übersetzen und beglaubigen lassen!

Das dritte Kapitel dauert 2 bis 4 Unterrichtsstunden.

ERFOLGREICH BEWERBEN!
Fix & ffertige Stundenbilder zur schnellen vorbereitung – Bestell-Nr. 10 897
KOHL VERLAG

3 Lebenslauf & Bewerbungsunterlagen

Einen Lebenslauf formulieren:

PA

Aufgabe 2: **a)** *Seht euch diesen Lebenslaufentwurf aufmerksam an!*

> professionelles Foto
>
> **Lebenslauf**
>
> **1. Persönliche Daten**
>
> Vor- und Zuname
> Anschrift/Telefon/E-Mail-Adresse
> Geburtsdatum und –ort
> Namen der Eltern; gegebenenfalls Beruf von Mutter/Vater
> Religionszugehörigkeit (muss nicht sein)
> Staatsangehörigkeit (aber nur, wenn diese ausländisch ist)
>
> **2. Ausbildung**
>
> besuchte Schulen (Typen und die jeweiligen Zeiträume angeben)
> Schulabschlüsse (vorhanden bzw. demnächst angestrebt)
> gegebenenfalls Berufsausbildung
> Ausbildungsfirma/-Institution, eventuell mit Ortsangabe
>
> **3. zusätzliche Aus-/Weiterbildung**
>
> z.B. nachgeholter Schulabschluss; Kurse an der VHS
> Besondere Kenntnisse (z.B. Fremdsprachen, EDV, Führerschein...)
> Auslandsaufenthalte während Schulzeit
> Praktika/Aushilfstätigkeiten
> Neben- und Ferienjobs usw.
>
> **4. Sonstiges Hobbys**
>
> Ehrenamtliches und/oder soziales Engagement (Jugendarbeit...),
> Sport
>
> **Ort, Datum, Unterschrift**

b) *Klärt Begriffe, die ihr nicht kennt!*

c) *Schreibt am PC einen Lebenslauf!*
Beachtet dabei folgende Punkte:

1. Der Lebenslauf kann als Tabelle angelegt oder als fortlaufender Text formuliert werden.
2. Er sollte übersichtlich aufgebaut sein.
3. Das Foto sollte professionell gefertigt sein.
4. Handgeschriebene Lebensläufe nur auf ausdrückliche Aufforderung einreichen!
5. Über Hobbys und dergleichen sollte nur gesprochen werden, wenn ein Zusammenhang zur angestrebten Stelle besteht.
6. Alle Angaben über berufsbezogene (Praktika usw.) Tätigkeiten sollten durch Zeugnisse belegt werden.
7. Leicht lesbaren Schrifttyp (z. B. Arial) verwenden; nur diesen einen Schrifttyp verwenden.
8. Am Ende werden Ort und Datum angegeben.
9. Handschriftlich unterschreiben.

KOHL VERLAG
ERFOLGREICH BEWERBEN!
Fix & ffertige Stundenbilder zur schnellen vorbereitung – Bestell-Nr. 10 897

4 Das Vorstellungsgespräch

Informationen für den Lehrer

Sie präsentieren sich im Vorstellungsgespräch:

Hinweis

Natürlich können wir hier kein „Vorstellungsgespräch“ abbilden oder simulieren. Aber es ist schon möglich, wichtige Hinweise zu erarbeiten, die eine Vorbereitung auf das Gespräch erleichtern.
Die Auswertung der Texte (Seiten 23-25) ist vielleicht nicht ganz einfach, doch sollten die Schüler sich unbedingt mit den Ansichten derer auseinandersetzen, die einmal über ihre Bewerbung zu entscheiden haben. (So lassen sich schon im Vorfeld viele Diskussionen über „Kleiderfragen“ usw. abfangen!)
Die „Regeln und Tipps“ die nun entworfen werden, sollten im Gespräch noch erweitert werden. Es könnte etwa zusammengestellt werden:

Vorinformationen:	Alle verfügbaren Informationen über das einladende Unternehmen sammeln.
Fragen:	Mögliche Fragen des Gesprächspartners überlegen und Antworten vorbereiten. Der Gesprächspartner wird erwarten, dass der Bewerber ebenfalls Fragen stellt.
Kleidung:	Vermitteln Sie, dass ein ansprechendes Outfit (passende Kleidung, gepflegte Nägel, Zähne, Haare, Schuhe, bei Frauen: dezentes Make-Up) absolut wichtig ist!
Der Ablauf:	Nach der Begrüßung wird das Gespräch eröffnet: allgemeine Themen (muss nicht unbedingt das Wetter sein ...) Der Bewerber erhält die Gelegenheit, sich vorzustellen.

Das eigentliche Gespräch wird beherrscht von den Fragen des Personalleiters. Dabei muss man auf folgendes vorbereitet sein:

- Bisheriger Werdegang (Schulbesuch, Ausbildung, Lieblingsfächer, Weiterbildung, bisherige (Praktikums-) Erfahrungen.
- Berufliche Wünsche, Ziele und Vorstellungen, fachliche Stärken und Schwächen, Erwartungen an den angestrebten Beruf.
- Allgemeine Interessen und Einstellungen des Bewerbers, langfristige berufliche und private Ziele, außerschulisches Engagement, Freizeitgestaltung.
- Persönliches und Privates (Fragen zur Lebenseinstellung, Familie usw.).

Im Anschluss daran erhält der Bewerber Gelegenheit, eigene Fragen zu stellen.

Geben Sie Ihren Schülern folgende Hinweise:

Wer zu spät kommt ...

- Pünktlichkeit beim Vorstellungstermin ist selbstverständlich!
- Man sollte sich unbedingt gut mit dem Anfahrtsweg (Bus, Bahn ...) vertraut machen!
- Man sollte rechtzeitig losgehen! Man sollte aber auch nicht viel zu früh ankommen.
- 15 Minuten vor dem geplanten Termin kann als Richtzeit angesehen werden.

ERFOLGREICH BEWERBEN!
Fix & ffertige Stundenbilder zur schnellen vorbereitung – Bestell-Nr. 10 897
KOHL VERLAG

4 Das Vorstellungsgespräch

Informationen für den Lehrer

Haltung bewahren ...

- selbstbewusster Eindruck, aber dabei nicht überheblich wirken
- aufrechte Haltung, aber nicht steif wirken
- Blickkontakt zum Gesprächspartner
- Begrüßung und Verabschiedung mit Handschlag
- kein nervöses Herumfingern an Haaren, Ohren, Kugelschreiber o.ä.
- nicht auf dem Stuhl hin- und herrutschen
- sprich laut und deutlich
- lass deinen Gesprächspartner ausreden

Fragen und Antworten ...

- Gib klare, sauber formulierte Antworten (keine Einwort-Sätze, kein ausuferndes Labern!)
- Stelle offene Fragen (Wer, was, wie ...; vermeide „Warum", „Weshalb" ...)
- Sei auch vorbereitet auf die Frage: „Wie stellen Sie sich Ihr Leben in fünf Jahren vor?"
- Hüte dich davor, über Schule, Lehrer usw. herzuziehen. Lass dich auch nicht dazu provozieren („Also, wir hatten da einen, bei dem ...)!
- Fragen, die du nicht zu beantworten brauchst (Sie dürfen eigentlich nicht gestellt werden!):
  - Parteizugehörigkeit
  - Kinderwunsch
  - Öffentliche Ämter und Ehrenämter
  - Mitgliedschaft in Vereinen und Verbänden
  - Religionszugehörigkeit
  - Vorstrafen
  - Schwangerschaft
  - Gewerkschaftszugehörigkeit
  - Vermögensverhältnisse

Üben, üben, üben!!!

Als Abschluss lässt sich das Vorstellungsgespräch natürlich auch einüben. Hierzu ist zu empfehlen, den Personalchef eines Betriebs der Umgebung, einen Handwerksmeister, einen Büroleiter o.ä. einzuladen und ihn zu bitten, zunächst einmal Fragen der Schüler zu beantworten, dann aber auch mit einem der Schüler ein solches Vorstellungsgespräch „durchzuspielen".

Eine eigene „Erfolgskontrolle" übernimmt in diesem Fall das Leben selbst ...

Das vierte Kapitel dauert 4 Unterrichtsstunden

Seiten 23 - 25	1./2. Unterrichtsstunde
Seite 26	3. Unterrichtsstunde
Seite 27	4. Unterrichtsstunde

ERFOLGREICH BEWERBEN!
Fix & ffertige Stundenbilder zur schnellen vorbereitung – Bestell-Nr. 10 897
KOHL VERLAG

4 Das Vorstellungsgespräch

Zeitungsbericht I:

Der erste Eindruck ist oft entscheidend: Gepflegtes Erscheinungsbild und sicheres, höfliches Auftreten sind Grundvoraussetzungen für den Erfolg!

Im Vorstellungsgespräch immer man selbst bleiben

„Wir würden Sie gern zu einem Vorstellungsgespräch einladen..." Wer eine solche Einladung in seinem Briefkasten vorfindet, wird vermutlich nach der ersten Freude auch aufgeregt und unsicher sein. Die ersten Hürden sind genommen, die schriftlichen Unterlagen und vielleicht auch ein Auswahltest haben den Arbeitgeber bewogen, Sie in die engere Wahl zu ziehen.

Nun sollen Sie in einem Gespräch zeigen, ob Sie zur ausgeschriebenen Stelle und zum Betrieb passen. Das ist durchaus mit einer Prüfungssituation vergleichbar, und jeder vernünftige Personalreferent wird Verständnis für ein gewisses Lampenfieber haben. Die anfängliche Aufregung legt sich meist schnell nach den ersten Sätzen.
Voraussetzung ist eine gute Vorbereitung. Und die ist fürs Vorstellungsgespräch absolut unerlässlich! Als erstes sollten Sie den Termin schriftlich oder telefonisch bestätigen oder um Verschiebung bitten, wenn es sich gar nicht anders machen lässt. Nur bitte keinen anderen „wichtigen Termin" vorschützen, das könnte eher negativ wirken.
Dann sollten Sie sich gründlich über das Unternehmen informieren, zum Beispiel auf der Homepage des Unternehmens oder über Firmenbroschüren. Genaueren Aufschluss gibt der jüngste Geschäftsbericht, bei großen und internationalen Konzernen sollte man sich auch über Niederlassungen im In- und Ausland, Produkt- und Leistungspalette, wichtige Tochterunternehmen und so weiter kundig machen. Die BASF zum Beispiel rät ihren Bewerbern ausdrücklich, sich auf diese Frage vorzubereiten: „Was wissen Sie über die Firma?" Je genauer Sie hier Bescheid wissen, umso mehr können Sie punkten. Und noch zwei Fragen, auf die das Unternehmen hinweist: „Warum möchten Sie gerade diesen Beruf erlernen?"- „Wie stellen Sie sich die Tätigkeit genau vor?" Diese Fragen werden Ihnen so oder ähnlich auf jeden Fall in wohl jedem Unternehmen begegnen. Legen Sie sich aber keine auswendig gelernten Formulierungen bereit, sondern üben Sie zu Hause vor dem Spiegel oder mit einem Freund — das gibt Sicherheit und Erfahrung in der Selbstdarstellung.
Spätestens vor dem Spiegel werden Sie bemerken, dass der optische Eindruck, Mimik und Gestik eine große Rolle spielen. Und es ist tatsächlich so, dass es für den ersten Eindruck keine zweite Chance gibt! Wissenschaftlich belegt ist die Tatsache, dass das Gehirn nur ein paar Sekundenbruchteile braucht, um die Erscheinung des Gegenübers als (un-)sympathisch einzuschätzen. Eine gepflegte Erscheinung, korrekte Kleidung und höfliches Auftreten prägen diesen ersten Eindruck entscheidend. Absolut zu vermeiden sind schrille Farben, starke Schminke, tiefe Ausschnitte und zu kurze Minis. Immer gut beraten ist Mann mit einem Anzug, Frauen entsprechend mit Blazer mit Stoffhose oder Rock. Je nach Branche variieren die Kleiderregeln, bei der Bank ist man konservativer als in der Werbebranche. Dezente Zurückhaltung ist nicht nur bei der Kleidung angesagt, sondern auch im Auftreten. Also keine flotten Sprüche, keine Hände in den Hosentaschen. Stattdessen darauf achten, deutlich und eher langsam zu sprechen und Blickkontakt mit dem Gegenüber zu suchen, ohne ihn anzustarren. Auch das ist Übungssache!
Am besten bringen Sie sämtliche Bewerbungsunterlagen, Einladungsbrief und Schreibblock zum Gespräch mit. Das signalisiert, dass Sie gut vorbereitet sind. Gut überlegen sollten Sie sich auch, wie Sie reagieren, wenn Sie auf „Schwachstellen" angesprochen werden. Schlechte Noten, Lücken im Lebenslauf, ein mäßiges Arbeitszeugnis — dafür sollte man sich vorher eine glaubwürdige Erklärung zurechtlegen, ohne allerdings jemals den alten Arbeitgeber schlecht zu machen — das ist ein absolutes Tabu. Und überlegen Sie sich auch, wie Sie Ihre positiven Seiten, zum Beispiel Ihre Teamfähigkeit oder Ihr technisches Geschick, darstellen wollen, ohne sich selbst übermäßig zu loben.
Das Wörtchen „authentisch" hört man heute oft, wenn es ums Bewerben geht. Was genau meint es? Ehrlich und natürlich bleiben, nicht anders scheinen wollen, als man wirklich ist, das heißt authentisch. Wer zu dick aufträgt, wird meist schneller durchschaut, als er denkt. Vergessen Sie nicht, Ihrem Gesprächspartner aufmerksam und konzentriert zuzuhören. Nur dann zeigen Sie Interesse und können gut antworten. Und scheuen Sie sich nicht, auch eigene Fragen zu stellen, zum Beispiel „Welche Aufgaben erwarten mich auf der neuen Arbeitsstelle?" Informieren Sie sich auch vorab, auf welche Fragen Sie nicht zu antworten brauchen: Fragen nach Familienplanung und Schwangerschaft beispielsweise sind prinzipiell verboten! (itt)

Text aus: DIE RHEINPFALZ, 2.06.2007 (02_17AMI)

KOHL VERLAG ERFOLGREICH BEWERBEN! Fix & ffertige Stundenbilder zur schnellen vorbereitung – Bestell-Nr. 10 897

4 Das Vorstellungsgespräch

Zeitungsbericht II:

PA

Aufgabe 1: **a)** *Lest den Zeitungsartikel noch einmal aufmerksam durch! Unterstreicht beim Lesen:*

rot - Thema der Texte/Abschnitte
blau - Forderungen
grün - Feststellungen
lila - Begründungen

b) *Fasst die wichtigsten Aussagen zusammen!*

• **Was ist Thema des Textes bzw. seiner Abschnitte?**

Text S. 23	Text S. 24/25

• **Welche Forderungen, Feststellungen usw. werden getroffen?**

Text S. 23	Text S. 24/25

KOHL VERLAG
ERFOLGREICH BEWERBEN!
Fix & ffertige Stundenbilder zur schnellen vorbereitung – Bestell-Nr. 10 897

4 Das Vorstellungsgespräch

Zeitungsbericht III:

- **Welche Begründungen werden gegeben?**

Text S. 23	Text S. 24/25

PA

Aufgabe 2: *Formuliert in Stichpunkten „Regeln und Tipps" für ein bevorstehendes Vorstellungsgespräch!*

EA

Aufgabe 3: *Schreibe den Verlauf eines Vorstellungsgespräches in dein Heft/ in deinen Ordner!*

ERFOLGREICH BEWERBEN!
Fix & ffertige Stundenbilder zur schnellen vorbereitung – Bestell-Nr. 10 897
KOHL VERLAG

Aufgeblitzt - Ein Interview!

Von Heike Jüds und Anne Thesing

Nur Bewerber, die beim Vorstellungsgespräch positiv „aufblitzen“, haben Erfolgsaussichten. Vorausgesetzt, ihr Glanz ist von Dauer. Doch worauf kommt es in den ersten Sekunden und Minuten an? Diese Frage stellte der Karriereführer den Personalleitern Nina Eberlein, Axel Kersten, Anja Kiehne-Neuberg und Thomas Teetz.

Worum geht es im Vorstellungsgespräch?

Axel Kersten, SAP AG:

„Es geht darum, den ersten guten Eindruck aus den Bewerbungsunterlagen zu konsolidieren.“

Nina Eberlein, IKEA Deutschland GmbH & Co. KG:

„Wenn wir einen Bewerber zum Interview einladen, möchten wir herausfinden, ob wir zusammenpassen. Das persönliche Treffen gibt den entscheidenden und viel zitierten ersten Eindruck.“

Anja Kiehne-Neuberg, Kaufhof Warenhaus AG:

„Im Bewerbungsgespräch hat der Bewerber zum ersten Mal die Gelegenheit, seine Persönlichkeit einzubringen.“

Was spielt sich in den ersten Momenten ab?

Nina Eberlein, IKEA Deutschland GmbH & Co. KG:

„Die ersten Minuten sind für beide Seiten besonders spannend. Je nach Typ sind Bewerber mehr oder weniger nervös. Wir finden das menschlich. Mein Tipp: Versuchen Sie, möglichst unverkrampft mit dieser Situation umzugehen. Einmal tief durchatmen kann Wunder bewirken.“

Thomas Teetz, Deutsche Postbank AG:

„Innerhalb dieser ersten Sekunden bilden wir uns eine Meinung über eine bislang unbekannte Person. Obgleich man in dieser kurzen Zeit nur die Oberfläche erfassen kann, bestimmt diese erste Wahrnehmung sehr oft nachhaltig den Gesamteindruck.“

Worauf achten Sie in den ersten Minuten?

Axel Kersten, SAP AG:

„Wir legen vor allem Wert darauf, dass die Persönlichkeit und das Auftreten des Bewerbers zum Unternehmen passen.“

KOHL VERLAG
ERFOLGREICH BEWERBEN!
Fix & ffertige Stundenbilder zur schnellen vorbereitung – Bestell-Nr. 10 897

4 Das Vorstellungsgespräch

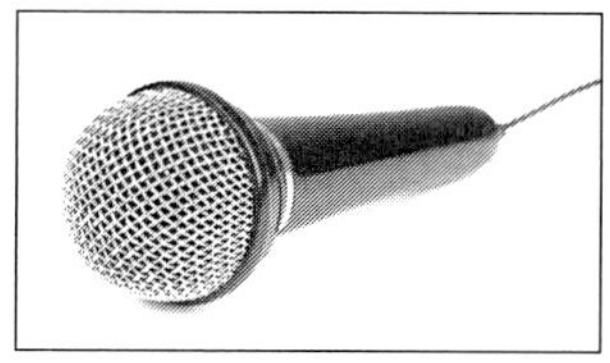

Worauf achten Sie in den ersten Minuten?

Anja Kiehne-Neuberg, Kaufhof Warenhaus AG:

„Neben pünktlichem Erscheinen und einem gepflegten äußeren Erscheinungsbild achten wir vor allem auf das Verhalten, die Umgangsformen und die Äußerungen des Bewerbers. Die Art des Händedrucks, die Intensität des Blickkontaktes sowie die Worte bei der Begrüßung lassen erste Rückschlüsse auf Selbstbewusstsein, Kontakt- und Kommunikationsfähigkeit zu. Gestik und Mimik unterstreichen den Eindruck. Weiteren Aufschluss gibt die Gesprächsbereitschaft des Kandidaten."

Nina Eberlein, IKEA Deutschland GmbH & Co. KG:

„Der Gesamteindruck sollte stimmen und authentisch sein – sei es im Anzug oder im Poloshirt. Äußerlichkeiten wie Schuhe oder Kleidung sollten neu genug sein, um einen guten Eindruck zu machen, und alt genug, damit Sie sich wohlfühlen."

Authentizität ist also wichtig?

Axel Kersten, SAP AG:

„Ja. Versuchen Sie nicht, sich und Ihre Persönlichkeit zu verstellen. Das funktioniert ohnehin nicht und Sie tun damit weder dem Unternehmen noch sich selbst einen Gefallen: Schließlich sollen ja nicht nur Sie zum Unternehmen passen, sondern auch das Unternehmen zu Ihnen!"

Der erste Eindruck stimmt. Was passiert dann?

Thomas Teetz, Deutsche Postbank AG:

„Karriere macht man nicht an einem Tag. Vielmehr sind Karrieren das Resultat wiederholter positiver Eindrücke, die man bei Vorgesetzten und Kollegen hinterlassen hat. Bildlich gesprochen: Um Karriere zu machen, genügt es nicht, wie eine Sternschnuppe aufzublitzen und wenig später zu verglühen. Ein erster äußerer Eindruck mag noch so strahlend sein – wenn er nicht bestätigt wird, ist sein Glanz bald erloschen."

Personenangaben:

- *Anja Kiehne-Neuberg* ist Leiterin des Bereichs Management- und Organisationsentwicklung der Kaufhof Warenhaus AG in Köln.
- *Nina Eberlein* arbeitet im Personalmarketing von IKEA Deutschland in Hofheim-Wallau.
- *Thomas Teetz* ist Leiter Personalmarketing bei der Deutschen Postbank AG.
- *Axel Kersten* arbeitet im Bereich Personalmarketing/Recruiting der SAP AG.

aus: http://www.karrierefuehrer.de/bewerbung/aufgeblitzt.html

ERFOLGREICH BEWERBEN!
Fix & ffertige Stundenbilder zur schnellen vorbereitung – Bestell-Nr. 10 897
KOHL VERLAG

4 Das Vorstellungsgespräch

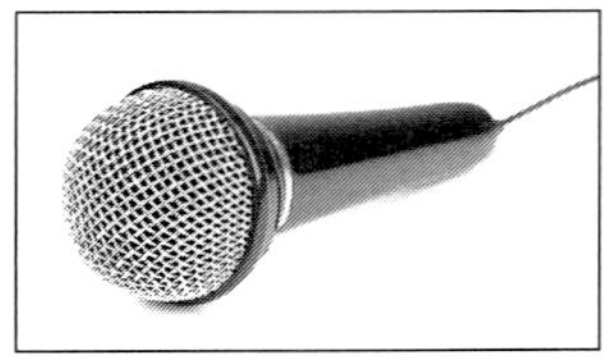

EA

Aufgabe 4: *Lies nochmals das Interview aufmerksam durch! Was ist mit den folgenden Dingen gemeint? Erkläre!*

1. Der erste Eindruck:

___

___

___

2. Persönlichkeit anbringen:

___

___

___

3. Es kann in der kurzen Zeit nur die Oberfläche der Person erfasst werden:

___

___

___

4. Selbstbewusstsein:

___

___

___

5. Authentischer Gesamteindruck:

___

___

___

Tipp: Solltest du Schwierigkeiten haben, kannst du in einem Wörterbuch nachschlagen!

Vorbereitung auf ein Vorstellungsgespräch

EA

Aufgabe 5: *Wähle ein Stellenangebot für eine Ausbildungsstelle aus! Sammle Informationen über den Betrieb (z.B. im Internet)!*

EA

Aufgabe 6: *Welche Informationen sind für dich von Bedeutung? Wie kannst du dich mit Hilfe dieser Informationen auf das Vorstellungsgespräch vorbereiten? Mache dir Notizen!*

KOHL VERLAG ERFOLGREICH BEWERBEN! Fix & ffertige Stundenbilder zur schnellen vorbereitung – Bestell-Nr. 10 897

5 Meine Checkliste für Bewerbungen

		✓
1.	Passende Stellenangebote gesucht und gefunden?	
	Informationen über die Firma eingeholt?	
2.	Bewerbungsmappe gekauft?	
	Lichtbilder (Bewerbungsfotos) gemacht?	
	Deckblatt mit Adresse und Telefonnummer geschrieben, korrigiert und ausgedruckt?	
3.	<u>Bewerbungsschreiben</u>: ☐ Einleitungssatz geschrieben? ☐ Angaben zu meiner Person formuliert? ☐ Besondere Neigungen und Fähigkeiten genannt? ☐ Bewerbungsschreiben geschrieben und korrigiert?	
4.	☐ Lebenslauf mit Lichtbild geschrieben, korrigiert, ausgedruckt? ☐ Lichtbild aufgeklebt?	
5.	Anlagenverzeichnis: Genaue Auflistung über den Inhalt der Bewerbung gemacht?	
6.	Zeugnisse: Letztes Schulzeugnis kopiert und beglaubigen lassen?	
7.	Referenzen gesammelt, kopiert und beigefügt?	
8.	<u>Falls gefordert</u>: ☐ polizeiliches Führungszeugnis ☐ Gesundheitszeugnis ☐ ____________________ ☐ ____________________	
9.	Briefmarke gekauft?	
	Bewerbung in einen passenden Umschlag gesteckt und abgeschickt (Adresse richtig aufgeschrieben?)	
10.	<u>Vorstellungsgespräch</u>: ☐ Genügend Informationen über die Firma gesammelt und Notizen gemacht? ☐ Fragen aufgeschrieben und mögliche Antworten notiert? ☐ Gespräch geübt? ☐ Kleidung sorgfältig ausgewählt?	

Frühzeitig zum Bewerbungsgespräch losgehen, damit du pünktlich da bist!

ERFOLGREICH BEWERBEN!
Fix & ffertige Stundenbilder zur schnellen vorbereitung – Bestell-Nr. 10 897
KOHL VERLAG

Die Schuldenfalle
Die eigenen Finanzen erfolgreich verwalten

Hat man die eigene finanzielle Situation klar vor Augen? Die Anweisungen und Infotexte werden über Sprecherstimmen per Audio-CD vermittelt. Sie treten in den Hintergrund des Geschehens, damit die Lernenden ganz unbefangen sich selbst ihre Finanzen darlegen und in einem Portfolio darüber reflektieren. ***Das Ziel ist ein sorgsamer Umgang mit Geld.***

ab 7. Klasse | 64

Buch	Nr. 11 155	19,80 €
PDF	Nr. P11 155	15,99 €

PDF-Schullizenz 64,- €

Im Namen des Volkes
... ergeht folgendes Urteil

Wissenslücken und Vorurteile gegenüber dem Strafrecht sind typisch. „Du darfst dich eben nicht erwischen lassen" ist allzu oft die Devise. Diesem entgegenzuwirken ist das Ziel dieses Bandes, der für eine Sensibilisierung für Gesetze und für deren Einhaltung sorgen will. Fallbeispiele zeigen Ursachen, Verläufe sowie negative wie positive Folgen von Taten auf. Jugendliche erfahren, dass Hoffnung auf Besserung besteht.

ab 8. Klasse | 64

Buch	Nr. 11 137	15,80 €
PDF	Nr. P11 137	12,49 €

PDF-Schullizenz 50,- €

Bausteine zur Berufsorientierung
Konzepte zur Vorbereitung auf das Berufsleben

Informationen, Spiele, Kopiervorlagen und verschiedenste Umsetzungsmöglichkeiten zu 16 Feldern der Berufsorientierung wie z B. Berufsvielfalt, verschiedene Berufsträume, Betriebspraktika, Bewerbungen und Eignungstests, Berufsvorbereitungsmaßnahmen der Ausbildung, Arbeitsschutzbedingungen und Arbeitsplatz. Mit praktischen Hinweisen & Infos sowie interessanten Zeitungsberichten.

ab 7. Klasse | 100

Buch	Nr. 10 867	19,80 €
PDF	Nr. P10 867	15,99 €

PDF-Schullizenz 64,- €

Das Betriebspraktikum

Unterschiedliche Materialien, die bei der Planung, Durchführung und Ausführung des Betriebspraktikums eingesetzt werden können. Dabei handelt es sich um Aufgaben- und Fragenblätter, Infoseiten, Briefvorlagen, Formblätter, Lückentexte, ein Simulations- sowie ein Ereignisspiel. Viele Aufgaben- und Fragenblätter können den Schülern als Informationsbasis für das Schreiben des späteren Praktikumsberichtes und als Grundlage für die Präsentation des Betriebspraktikums vor Zuhörern dienen.

ab 8. Klasse | 80

Buch	Nr. 11 105	17,80 €
PDF	Nr. P11 105	14,49 €

PDF-Schullizenz 58,- €

Erfolgreich bewerben!
Stundenbilder zur schnellen Vorbereitung

Vom Lesen der Stellenanzeige bis hin zum Vorstellungsgespräch werden alle Stolpersteine aufgezeigt und praktische Hilfen geliefert. **Ziele:**

1. Stellenanzeigen sachgerecht lesen & auswerten. 2. Sich angemessen und in schriftlicher Form um eine Stelle bewerben. 3. Verfassen eines tabellarischen/ausformulierten Lebenslaufes. 4. Vorstellungsgespräch üben, Sicherheit gewinnen

ab 8. Klasse | 32

Buch	Nr. 10 897	13,80 €
PDF	Nr. P10 897	10,99 €

PDF-Schullizenz 44,- €

Bewerbungsratgeber
„So finde ich leicht & einfach meinen Job!"

Schritt für Schritt zeigt der Ratgeber, wie man seinen gewünschten Ausbildungsplatz planen und finden kann. Zu Beginn stellt sich die Bewerbungsfrage Egal ob Sie einen Praktikums-, Ausbildungs- oder Studienplatz suchen, Sie finden hier verschiedene Initial-Bewerbungs-Anschreiben und alles, was rund um die Bewerbung wichtig ist. ***Der Band ist DIE ideale Berufsvorbereitung!***

ab 8. Klasse | 32

Buch	Nr. 11 365	16,80 €
PDF	Nr. P11 365	13,49 €

PDF-Schullizenz 54,- €

Tests & Hilfen zum Berufseinstieg
Ein Trainingsprogramm für Schulabgänger

Dieser Ratgeber nimmt Schulabgänger „an die Hand" und bereitet sie auf den bevorstehenden Berufsweg vor. Welche Fragen werden bei Einstellungstests gestellt? Wie sieht ein praktischer Testbogen aus? Wie kann man sich optimal aufs Vorstellungsgespräch vorbereiten? Auf diese Fragen liefert dieser Band umfassende Antworten.

ab 9. Klasse | 44

Buch	Nr. 10 695	14,80 €
PDF	Nr. P10 695	11,99 €

PDF-Schullizenz 48,- €

Mein Auftritt vor Publikum
Vorbereitung einer Präsentation

Auftrittskompetenz – brauche ich das? Ja, denn was man zu sagen hat, sollte optimal präsentiert werden. Inhalt und Form des Auftritts zählen! Egal, ob es darum geht, über einen Anlass zu informieren, um einen Vortrag, um ein Interview, ein Vorstellungsgespräch oder ein Statement vor der Kamera: Mit Freude und Lust am eigenen Auftritt gelingt es besser! ***Kompetentes & überzeugendes Auftreten trainieren!***

ab 8. Klasse | 64

Buch	Nr. 11 161	16,80 €
PDF	Nr. P11 161	13,49 €

PDF-Schullizenz 54,- €

Mathe für den Beruf
Alltagsgerecht und anwendungsorientiert

In jeder Berufsausbildung ist ein gewisses Maß an mathematischem Grundverständnis notwendig. Für Berufe im kaufmännischen Bereich ist die Prozent- und Zinsrechnung für Kalkulationen unabdingbar. Die Ausbildung in handwerklichen Berufen setzt Grundlagen der Flächen-, Körper- und Winkelberechnung voraus. Die Äquivalenzumformung von Gleichungen und Formeln, sowie die Dreisatzberechnung ist eine berufsübergreifende Grundlage.

FÖ

ab 8. Klasse | 64

Buch	Nr. 11 704	16,80 €
PDF	Nr. P11 704	13,49 €

PDF-Schullizenz 54,- €

Deutsch für den Beruf
Unverzichtbares Ausdruckstraining

Nach der Schule tauchen häufig erste Probleme auf: die passende Rhetorik in Geschäftsbriefen, Bewerbungsschreiben, die korrekte Schreibung von Straßennamen ... Diese Kopiervorlagen widmen sich den speziellen „Problemzonen" und sorgen durch gezieltes Ausdruckstraining für eine zielgerichtete Verbesserung der Schreib- & Sprechkompetenz im Beruf.

FÖ

ab 8. Klasse | 56

Buch	Nr. 11 085	15,80 €
PDF	Nr. P11 085	12,49 €

PDF-Schullizenz 50,- €

Wirtschaftskunde für den Beruf

Wirtschaftliches Wissen und politische Kompetenzen sind ein wichtiger Baustein in der Berufsschule aller Lehrberufe. Neben den Rechten und Pflichten in der Ausbildung sind auch das Verständnis von Verträgen und der Umgang mit Geld wichtige Bestandteile der Wirtschaftskunde. Jeder Berufsschüler sollte die Grundlagen des Arbeitsrechts kennen und die Entlohnung seiner Arbeitsleistung nachvollziehen können.

ab 9. Klasse | 48

Buch	Nr. 11 783	14,80 €
PDF	Nr. P11 783	11,99 €

PDF-Schullizenz 48,- €

Englisch für den Beruf
Alltagsgerecht und anwendungsorientiert

Grundlagen der englischen Sprache beherrschen heute die meisten Menschen. Darüberhinaus ist es für zahlreiche Berufe wichtig, ein gewisses Maß an „Businessenglisch" zu beherrschen. Dieser Band geht auf die verschiedenen Berufssparten und die dafür nötigen Vokabeln und Ausdrücke anhand von praktischen Beispielen und Übungen ein.

In allen Schularten einsetzbar.

ab 8. Klasse | 64

Buch	Nr. 11 852	16,80 €
PDF	Nr. P11 852	13,49 €

PDF-Schullizenz 54,- €

10-19 Jahre Fachfremd unterrichten

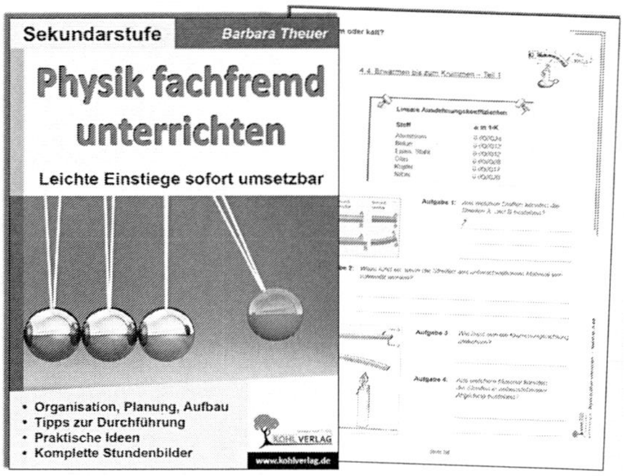

Kohls „Fachfremd-unterrichten-Reihe" Leichte Einstiege sofort umsetzbar

Fachfremd unterrichten! – irgendwann trifft es fast jede Lehrerin und jeden Lehrer einmal. Dabei sind es meistens Nebenfächer, denen nicht immer die größte Bedeutung zugemessen wird, leider! Sind es doch gerade eben diese Fächer, die den Schülern jede Menge Spaß machen ... .

Damit Ihnen auch die Unterrichtsvorbereitung für diese Fächer zum Kinderspiel wird, geben wir Ihnen verschiedene Themenhefte jeweils für die Sekundarstufe als ***effektive Unterstützung*** mit auf Ihren Weg. Praktische und ***direkt einsetzbare Ideen*** sind ***auf die Ziele des Bildungsauftrages genau zugeschnitten***. Dabei wird besonders auf die ***Organisation*** und den ***Aufbau des Unterrichts*** eingegangen; es werden jeweils wichtige ***Hilfestellungen*** und ***Tipps*** gegeben.

Wertvolle pädagogische Tipps und Hinweise sowie zahlreiche Kopiervorlagen, mit Lösungen.

Titel	Nr.	Preis	PDF-Schullizenz
Sport (136 Seiten)	Nr. 11 167	23,80 €	
	Nr. P11 167	18,99 €	76,- €
Kunst (80 Seiten) FARBDRUCK	Nr. 11 169	26,80 €	
	Nr. P11 169	21,49 €	86,- €
Musik (72 Seiten, incl. Audio & Daten-CD) FARBDRUCK	Nr. 11 171	24,80 €	
	Nr. P11 171	19,99 €	80,- €
Religion (100 Seiten)	Nr. 11 173	19,80 €	
	Nr. P11 173	15,99 €	64,- €
Technik (80 Seiten)	Nr. 11 240	17,80 €	
	Nr. P11 240	14,49 €	58,- €
Physik (80 Seiten)	Nr. 11 408	19,80 €	
	Nr. P11 408	15,99 €	64,- €
Chemie (64 Seiten)	Nr. 11 448	16,80 €	
	Nr. P11 448	13,49 €	54,- €

10-19 Jahre Bildungsstandards & Abschlussprüfungen

Was 12- und 14-Jährige wissen & können sollten

Was sollte ein Sechs- bzw. Achtklässler vor dem Sprung ins weitere Schuljahr unbedingt wissen und können? Die Bildungsstandards geben Aufschluss und Sicherheit. Die Kopiervorlagen bieten **aussagekräftige Tests** zu den wichtigsten Themen des jeweiligen Fachbereiches. Die Aufgaben werden **selbstständig gelöst**. Die Lösungen ermöglichen eine **kinderleichte Selbstkontrolle**. Anhand der Ergebnisse lässt sich feststellen, in welchen Bereichen der betreffende Schüler noch Defizite vorweist. Dies erleichtert anschließend die **gezielte Förderung**, um das vorhandene **Wissen** zu **festigen** und zu **erweitern**!

Klasse	Titel	Nr.	Preis	PDF Nr.	PDF Preis	PDF-Schullizenz
Klasse 6	Deutsch (48 Seiten)	Nr. 10 961	14,80 €	Nr. P10 961	11,99 €	48,- €
	Mathematik (64 Seiten)	Nr. 11 221	15,80 €	Nr. P11 221	12,49 €	50,- €
	Englisch (68 Seiten)	Nr. 11 037	16,80 €	Nr. P11 037	13,49 €	54,- €
	Lesekompetenz (52 S.)	Nr. 10 962	14,80 €	Nr. P10 962	11,99 €	48,- €
Klasse 8	Deutsch (44 Seiten)	Nr. 10 741	14,80 €	Nr. P10 741	11,99 €	48,- €
	Mathematik (44 Seiten)	Nr. 10 760	14,80 €	Nr. P10 760	11,99 €	48,- €
	Englisch (48 Seiten)	Nr. 10 822	14,80 €	Nr. P10 822	11,99 €	48,- €
	Lesekompetenz (64 S.)	Nr. 10 833	16,80 €	Nr. P10 833	13,49 €	54,- €

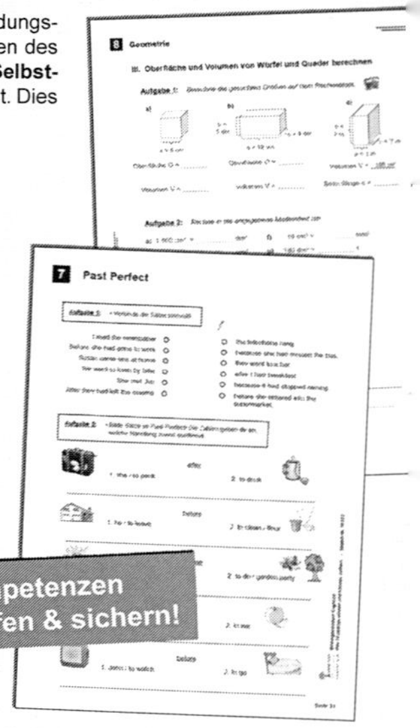

Kompetenzen überprüfen & sichern!

Topfit für die Prüfung!

Vorbereitung auf die Abschlussprüfungen

Die einzelnen Kapitel der „Topfit"-Reihe lassen sich selbstständig durcharbeiten. Durch konsequente und regelmäßige Übungsleistung werden die wichtigsten Grundkompetenzen für die Abschlussfächer Deutsch, Mathematik und Englisch wiederholt und gefestigt. **Die Werke enthalten Arbeiten im Stil der typischen Abschlussprüfungen sowie auch Erklärungen in Kurzform. Mit ausführlichen Lösungen zur Selbstkontrolle!**

Schule	Titel	Nr.	Preis	PDF Nr.	PDF Preis	PDF-Schullizenz
HS SÜD	Deutsch (92 Seiten)	Nr. 10 933	18,80 €	Nr. P10 933	14,99 €	60,- €
	Mathematik (92 Seiten)	Nr. 10 934	19,80 €	Nr. P10 934	15,99 €	64,- €
	Englisch (96 Seiten)	Nr. 11 035	16,80 €	Nr. P11 035	13,49 €	54,- €
RS SÜD	Deutsch (120 Seiten)	Nr. 11 050	21,80 €	Nr. P11 050	17,49 €	70,- €
	Mathematik (108 Seiten)	Nr. 11 051	20,80 €	Nr. P11 051	16,49 €	66,- €
	Englisch (148 Seiten)	Nr. 11 052	24,80 €	Nr. P11 052	19,99 €	80,- €

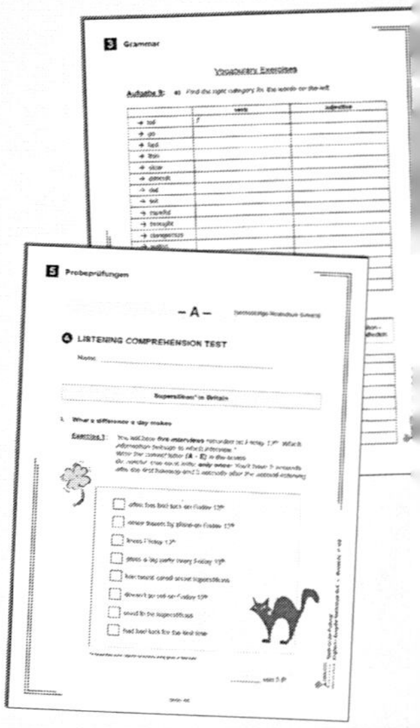

DIE optimale Vorbereitung zum häuslichen Üben!